Couverture inférieure manquante

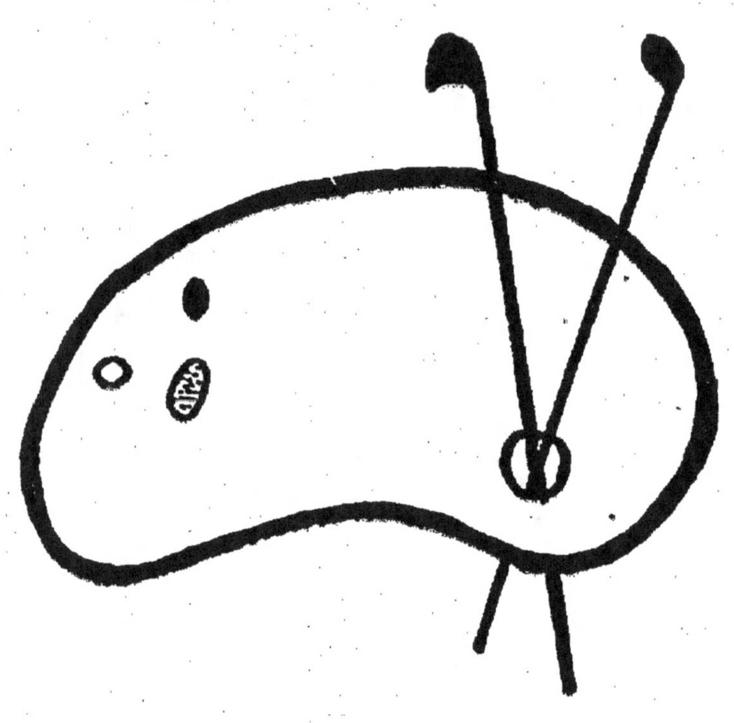

DEBUT D'UNE SERIE DE DOCUMENTS
EN COULEUR

ADOLPHE GIROD

DÉPUTÉ DU DOUBS

Secrétaire de la Commission de l'Armée

LE MAROC

I

CE QU'IL FAUT SAVOIR DE LA CONQUÊTE DU MAROC

Opérations militaires — Dépenses
Résultats de 1907 à fin 1913

II

LA CONQUÊTE PACIFIQUE

IL FAUT IMMÉDIATEMENT DES CHEMINS DE FER AU MAROC.

PARIS

JANVIER 1914

Publication de *L'Évolution Économique*, FINANCIÈRE ET POLITIQUE
22, rue de Châteaudun, Paris.

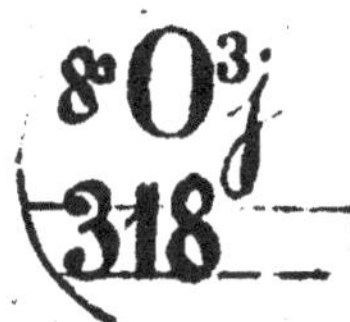

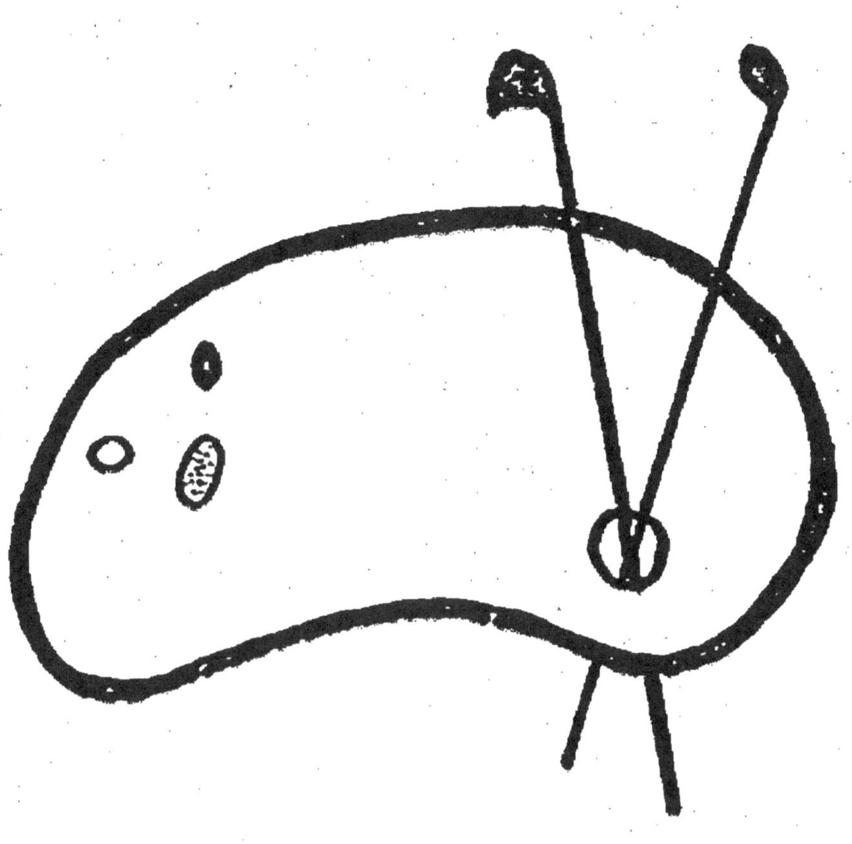

FIN D'UNE SERIE DE DOCUMENTS
EN COULEUR

LE MAROC

ADOLPHE GIROD

DÉPUTÉ DU DOUBS

Secrétaire de la Commission de l'Armée

LE MAROC

I

CE QU'IL FAUT SAVOIR DE LA CONQUÊTE DU MAROC

Opérations militaires — Dépenses
Résultats de 1907 à fin 1913

II

LA CONQUÊTE PACIFIQUE

IL FAUT IMMÉDIATEMENT
DES CHEMINS DE FER AU MAROC.

PARIS
JANVIER 1914

A mon éminent Compatriote,

M. le Général LYAUTEY,

j'offre l'hommage de cette étude,
en respectueuse sympathie.

Saint-Mandé, Janvier 1914.
ADOLPHE GIROD.

GÉNÉRAL LYAUTEY

INTRODUCTION

La présente brochure ne se propose, à aucun degré,
de dire tout ce qui a été réalisé au Maroc depuis les
débuts de notre occupation. D'autres publications, et
notamment le beau livre de mon collègue et ami, M.
René Besnard, ancien ministre du travail, *L'œuvre
Française au Maroc*, si brillamment préfacé par
M. Caillaux, se sont chargées de ce soin.

J'ai eu seulement le désir de résumer, en un travail
strictement condensé, les principales phases de notre
action militaire et de grouper, en un tableau facile à
consulter, les opérations successives, les dépenses
qu'elles ont exigées, et l'ensemble des résultats atteints.

Tant d'affirmations erronées, tant de chiffres faux,
ont été produits sur notre action au Maroc, qu'il ne
peut être jugé inutile de mettre un peu d'ordre dans
la question.

M. Doumergue, président du Conseil des ministres,
et nombre de mes collègues au Parlement, qui ont
lu dans *l'Evolution Economique* — dont le directeur,
notre distingué confrère, M. Robenne, s'est mis si
aimablement à ma disposition, et que je remercie de

tout cœur, — la plus grande partie des observations
que j'ai consignées dans cette étude, ont bien voulu
m'encourager à les publier : je leur suis profondément
reconnaissant de cette marque de sympathie indul-
gente, et j'espère que, tel qu'il est, ce modeste ouvrage
ne sera point inutile.

Avec eux, j'exprime le souhait ardent que la conquête pacifique, à laquelle préside, avec tant d'autorité,
M. le Général Lyautey, succède de façon définitive, à la
conquête militaire, et que bientôt le Maroc soit « une
nouvelle France » à laquelle, comme à l'autre, nous
donnerons, d'un même cœur, le meilleur de notre dé-
vouement.

A. G.

I

CE QU'IL FAUT SAVOIR
DE LA CONQUÊTE DU MAROC

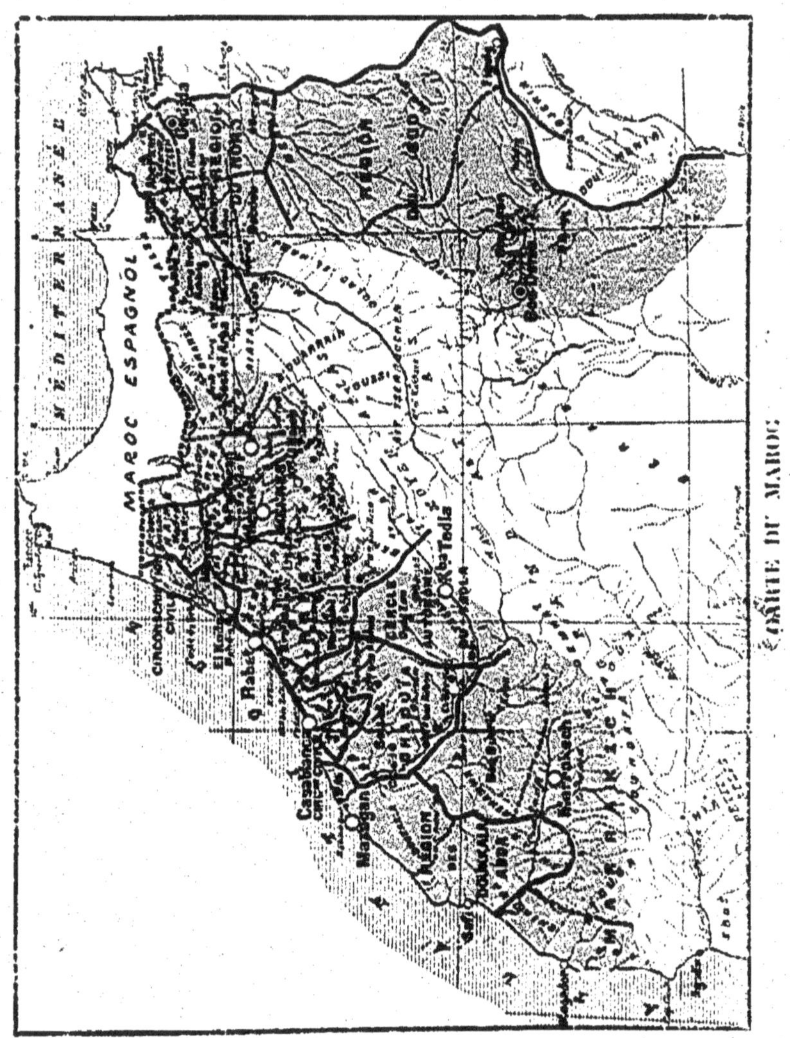

CARTE DU MAROC

LES OPÉRATIONS MILITAIRES AU MAROC

Tableau Synoptique des opérations militaires et des dépenses supplémentaires

ANNÉES	RÉGIONS	EFFECTIFS	TRIBUS COMBATTUES	PRINCIPAUX FAITS	DÉPENSES SUPPL.ᵗˢ PAR MINISTÈRE	DÉPENSES SUPPL.ᵗˢ TOTALES
1907	Maroc oriental (Gén. Lyautey)	1re colonne : 3850 h. 2e colonne : 900 h.	Beni-Snassen. Beni-Snassen révoltés et assaillant notre frontière.	Prise d'Oujda (29 mars). Soumission de tout le massif des Beni-nassen. — Occupation des postes de Taforalt, Berkam, Aïn-Sfa, Martimprey.	Guerre.. 5.911.102 f. Marine.. 4.448.406 f. Aff. Étr.. 150.000 f.	10.512.808 francs
	Maroc occidental (Gén. Drude)	Corps d'occupation de Casablanca. Août : 600 h. Octobre : 690 h.	Tribus de la Chaouïa.	Débarquement des marins. — Défense des consulats à Casablanca. — Arrivée du corps d'occupation. — Combats constants dans un rayon limité autour de Casablanca.		
1908	Maroc occidental (Gén. Drude, puis Gén. d'Amade)	Corps d'occupation de Casablanca. Janvier : 8400 h. Février : 10000 h. Mars : 11640 h. Août : 8928 h.	Tribus de la Chaouïa. Autres tribus venant renforcer la résistance contre nos troupes.	Prise de la Kasbah de Médiouna (1er janvier). Janvier-mars : on brise tous les éléments de résistance dans l'intérieur de la Chaouïa. Mars-juin : occupation de la périphérie de la Chaouïa. — Création de postes régionaux. — Organisation de la contrée.	Guerre.. 30.861.914 f. Marine.. 7.333.962 f.	38.198.876 francs
	Maroc oriental I. Oujda II. Haut guir Tafilet (Gén. Vigy)	Réduction des colonnes d'opérations. Novembre : 3720 h. Gd. d'opérations. Mai : 7282 h.	Beni-Snassen vaincus et soumis. Harka formée de nombreuses tribus.	Simples opérations de police. Bou Dénib (septembre).		
1909	Maroc occidental Maroc Oriental I. Oujda II. Haut guir	5583 h. 2260 h. 1000 h.	»	Période de calme. Réorganisation. Afflux de colons.	Guerre.. 11.249.517 f. Marine.. 2.423.508 f. Aff. Étr.. 68.000 f.	16.711.025 francs
1910	Maroc occidental (Gén. Moinier)	Effectifs réduits de 1909. Colonne de 1105 h.	Tribus de l'Hinterland de Casablanca assassinent le lieutenant Méaux. Brigandages dans la zone de nos postes (mars). Action de Ma-el-Aïnin. Effervescence de la Chaouïa et des Tadla.	Action offensive dans l'Hinterland de Casablanca. Intervention chez les Zaers. Raid au Tadla. Ma-el-Aïnin est blessé, rejeté au sud et meurt.	Guerre.. 9.700.752 f. Marine.. 1.690.732 f. Aff. Étr.. 375.000 f.	11.775.484 francs
	Maroc oriental	Effectifs de 1909.	»	Action de surveillance et de police.		

ANNÉES	RÉGIONS	EFFECTIFS	TRIBUS COMBATTUES	PRINCIPAUX FAITS	DÉPENSES SUPPL. PAR MINISTÈRE	SUPPL. TOTALES DÉPENSES
1911	Maroc occidental (Gén. Moinier)	27000 h.	Les Zaers assassinent le capitaine Nancy et le lieutenant Marchand.	Fez est débloquée. — Séries d'actions contre les tribus assaillantes. — Meknès occupée. — Soumission de Moulaï-Zine.		
			Fez est bloquée par de nombreuses tribus.	Retour du général Moinier vers la Chaouïa par Meknès et Rabat. — On parcourt la région des Zemmours. — On crée des postes pour la protection contre les Berbères. — On châtie les Zaers du meurtre de Nancy et Marchand.	Guerre.. 60.126.711 f. Marine.. 2.851.634 f. Aff. Étr. 81.501 fr.	63.062.835 francs
	Maroc oriental (Gén. Toutée)	14000 h.	On veut attirer vers la Moulouïa une partie des tribus qui bloquent Fez.	Occupation des Del-Tou (mai).		
1912	Maroc occidental	Juin : 31677 h. Décembre : 13690 h.	Agression de tribus contre la ligne d'étapes Rabat-Meknès.	Opérations du Souk-el-Arba et du Tafoudeit. Le Tafoudeit, repaire des Zemmours, est occupé.		
			Tribus turbulentes dans la région de Sefrou.	On les maintient loin de Fez dans la lutte contre Sidi-Raho.		
			Révolte de Fez (avril). Les tribus se ruent sur la capitale.	On débloque Fez, puis on la défend. — Colonnes nombreuses opérant dans la région. Les tribus sont repoussées et dispersées.		
			Evénements du Sud. Marrakech est aux mains d'El-Hiba.	Colonne met en déroute les forces d'El-Hiba et reprend Marrakech.	Guerre. 131.957.362 f. Marine. 2.520.000 f.	133.477.362 francs
				Occupation de Safi, Mazagan, Mogador. — On châtie les Taddla, en effervescence.		
				Mogador attaquée et débloquée.		
	Maroc oriental	Juin : 12256 h. Décembre : 12919 h.	Les Beni-Ouarans menacent les tribus soumises de la Moulouïa.	Trois colonnes les dispersent.		
			Harkas vers Bou-Yaroubs.	Deux colonnes les dispersent.		
				Installation du poste de Guercif. — On prépare l'extension vers Taza.		
1913	Maroc occidental		Action contre El-Hiba dans le Sous.	Harka, sous le commandement du G'noui, sans Européens, prend Taroudant, expulsant El-Hiba. — Agadir est repris par les troupes du Maghzen.		
	Maroc oriental	7000 h., occupant 70000 kmq.	»	La pointe en avant de 1912 permet de protéger la construction de la voie ferrée de Taourirt à Guercif.		210.000.000 francs
					Total général des dépenses	183.789.450 francs

I

VUES D'ENSEMBLE

Ce qu'il faut connaître de nos opérations militaires au Maroc, à quels chiffres se montent les dépenses, et quels résultats sont acquis, de 1907 à fin 1913, ce sont là questions d'actualité qui gagneraient, je crois, à être traitées d'ensemble. C'est l'étude que je me suis proposée dans cette brochure. Il faut que les Français connaissent, au moins dans ses grandes lignes, l'œuvre accomplie au Maroc grâce à l'élan et à la bravoure de nos troupes, à la science et à la ténacité des chefs militaires. Il est utile de montrer, *d'un seul tenant*, nos opérations dans la colonie nouvelle : car, jusqu'ici, on ne connaît notre action militaire que par les nouvelles fragmentées des journaux ou des communications officielles, et on n'aperçoit, du premier coup d'œil, *ni l'enchaînement des faits, ni les résultats positifs*.

Il faut encore que les Français puissent *comparer l'œuvre et les dépenses que son accomplissement a entraînées*. On doit donc mettre sous les yeux, dans une sorte de balance, les faits et leurs conséquences financières. Ceux-là répondent-ils à celles-ci ?

Pour atteindre ce but, nous allons revoir, année par

année, les actes accomplis, les prises de territoires, les luttes soutenues, puis exposer les tableaux des crédits supplémentaires employés dans le même laps de temps.

Ces crédits, additionnels aux crédits budgétaires normaux, ne comprennent pas la totalité des dépenses des troupes et des services engagés dans les opérations du Maroc.

L'entretien de ces troupes, l'armement des navires, continuent à être payés sur les crédits ordinaires du Budget, comme si les soldats étaient restés dans leurs garnisons, les bateaux dans les escadres et dans les ports. *Seuls, les suppléments de dépenses, frais de transport, indemnités, hautes payes, consommation de munitions, etc..., etc..., sont portés au compte du Maroc* et donnent lieu à des crédits supplémentaires. Il ne sera question, dans cette étude, que de ces seuls crédits et des dépenses qu'ils doivent couvrir. *C'est bien là ce qui est spécial à notre action au Maroc.*

Quels furent ces crédits jusqu'à la fin de 1912, et de quelle façon peut-on les répartir ? Le tableau ci-dessous répond à la question.

Exercices	Ministère des Aff. Étrangères	Ministère de la Guerre	Ministère de la Marine	Totaux par exercice
1907	150.000	5.911.402	4.418.406	10.512.808
1908	»	30.864.911	7.333.962	38.198.876
1909	68.000	11.219.517	2.423.508	16.711.025
1910	375.000	9.709.752	1.690.732	11.775.481
1911	85.500	60.124.711	2.851.681	63.062.895
1912	»	131.457.762	2.520.000	133.177.362
1913	... ...	.. ..	....	210.000.000 (?)

Nous laisserons de côté les dépenses du Ministère des Affaires étrangères, constituant une intime partie des dépenses supplémentaires totales marocaines, et représentant le jeu de notre diplomatie dans un pays dont nous n'occupons pendant longtemps que des parcelles minuscules. Ces dépenses disparaissent avec les diplomates qui cèdent le pas aux militaires au moment où l'occupation devient une nécessité inéluctable. Il faut alors se battre et commander, et non plus négocier.

Maintenant, si, sans entrer pour le moment dans le détail des opérations militaires, nous considérons l'échelle ascendante, puis descendante, puis de nouveau ascendante des crédits, nous constatons que ces « mouvements » correspondent à quatre périodes bien déterminées de notre action :

I) Après notre première intervention, nous nous bornons à une mission de police sur la côte et, en même temps, sur les confins de notre colonie d'Algérie. Les troupes sont peu nombreuses. La diplomatie n'autorise pas la pénétration de nos soldats.

II) Devant les incursions et les attaques plus pressantes des tribus, il nous faut réagir, nous dégager « prendre de l'air ». Pour assurer le succès de ces sorties, on doit *augmenter les troupes*.

III) De nouveau, période d'attente. On diminue les effectifs. On en retient juste le nécessaire pour garder les avantages acquis.

IV) C'est le massacre de Fez. De toutes parts, les tribus se ruent à l'assaut. Nous allons être débordés. On envoie un flot d'hommes, ceux-là qui commencent à s'éparpiller, à marcher et à « prendre » le Maroc.

Plus on occupe de territoires, plus il faut de troupes, loi contre laquelle aucun raisonnement ne peut prévaloir. Nous atteignons le maximum des dépenses.

Où sont employés les crédits demandés au Parlement ? Partie sur place, dans notre Protectorat : solde des troupes, subsistances, habillement, munitions, armement, travaux divers, etc... Partie à l'intérieur, c'est-à-dire en France : transport des troupes, remplacement dans nos approvisionnements des matériels divers expédiés au Maroc, etc...

Voilà donc caractérisées et justifiées, en bloc, nos dépenses Marocaines par l'exposé rapide du processus de notre action. Nous allons entrer de suite dans le détail des faits et, comme nous l'avons promis, année par année, examiner à quels actes s'appliquent les crédits additionnels.

ANNÉE 1907

Au mois de mai 1906, un Français avait été assassiné sur la plage de Tanger. A la même époque, l'agitation fomentée non loin de notre frontière algérienne, au Tafilett et dans la région de la haute Moulouya, amena la rupture des relations commerciales entre les tribus algériennes et les tribus marocaines qui devinrent menaçantes. D'autre part, Raïsouli, devenu dans les derniers mois de 1906 caïd de la banlieue de Tanger, se livre à des actes de vexation et de tyrannie contre les Européens, les indigènes et les fonctionnaires du Maghzen eux-mêmes.

Puis, en 1907, surgissent les événements graves qui obligent la France à agir avec vigueur et à entreprendre ses opérations militaires. *C'est l'assassinat du docteur Mauchamp, à Marrakech (mars 1907), provoquant* dans notre pays une véritable émotion, *et cause première de notre intervention* : un acte de coercition s'imposait pour obtenir du gouvernement marocain les réparations nécessaires.

Le 25 mars, le Conseil des Ministres prit la décision de faire entrer les troupes algériennes sur le territoire du Maroc pour occuper Oujda. Le GÉNÉRAL LYAUTEY, commandant la divison d'Oran, avait la direction des opérations. Une colonne fut concentrée à Lalla-Marnia, sous les ordres du Colonel Félineau. Elle comprenait *2.000 hommes* et près de *600 chevaux ou mulets.* Oujda était occupée sans combat le 29 mars.

Mais les Beni-Snassen, tribu montagnarde, sont travaillés par des émissaires venus de l'intérieur. Ils s'agitent de plus en plus ouvertement.

Le Gouvernement Français n'autorise pas les mesures préventives demandées par les autorités locales. La tribu montagnarde s'enhardit. Elle moleste nos partisans. Un médecin Français est attaqué et blessé. Une reconnaissance, envoyée pour se rendre compte de la situation au milieu d'une tribu voisine d'Oujda, est assaillie. Deux spahis sont tués, deux tirailleurs blessés.

Nouvelle colonne. Harassée, après des combats victorieux, elle rentre en territoire algérien où la suivent les Beni-Snassen, qui pillent nos douars, menacent Nemours, commettent des déprédations.

Notre frontière est ouverte, situation demandant des mesures énergiques.

On replace le détachement d'Oujda sous les ordres du général Lyautey, à qui l'on prescrit de châtier les Beni-Snassen en prenant dans sa division (celle d'Oran), tous les éléments qu'il jugera utiles et dont il pourra disposer.

Le général Lyautey organise le front de défense sur la frontière, forme deux colonnes pour cerner au Nord et au Sud les Beni-Snassen. La répression nécessite l'emploi de 9.600 *hommes* et de 2.850 *animaux*.

Tout plie et s'enfuit devant nos troupes. Les cols sont occupés, le massif des Beni-Snassen est sillonné. Les tribus se soumettent et acceptent toutes les conditions : reddition des armes ; paiement d'une lourde amende. construction d'une route de pénétration dans le massif allant d'Oujda, au Sud, à Port-Say, au Nord ; livraison des fauteurs de troubles, etc...

Au 31 décembre, les opérations sont considérées comme terminées et une partie des troupes regagne les garnisons algériennes. En outre d'Oujda, quatre postes sont occupés dans la région : Aïn-Taforalt, Mohammed ou Berkam, Aïn-Sfa, Martimprey.

Pendant que ces événements se déroulaient dans l'Est, que se passait-il dans *l'Ouest du Maroc, sur la côte de l'Atlantique,* au cours de cette même année 1907 ? Ce sont les opérations militaires entreprises à Casablanca et dans la région environnant ce port, opérations ayant plus de gravité par leurs conséquences possibles que celles, à tout prendre, limitées de la frontière algérienne.

Massacre de 9 Européens

Le 30 juillet 1907, eut lieu le massacre de neuf ouvriers Européens employés aux travaux du port. Le désordre, qui s'ensuivit et qui rendit probables d'autres massacres et le pillage de la ville, imposait impérieusement une intervention militaire. La France, qui a accepté de « veiller à la tranquillité » de l'empire chérifien, ne pouvait déserter son devoir dans une heure aussi tragique.

Six jours après le terrible événement, le 5 août, *avant qu'aucune troupe ait pu arriver d'Algérie ou de France,* il fallut préserver notre consulat menacé. — Voici, rapidement énumérés, les événements qui se succédèrent alors et qu'il suffit de rappeler ; ils sont encore dans toutes les mémoires.

Débarquement de 50 marins du « *Galilée* » qui s'ouvrent, par la force et au prix de pertes sensibles, un chemin jusqu'au but qui leur était assigné. Le « *Du Chayla* » soutient le « *Galilée* » et met à terre sa compagnie de débarquement.

insuffisance de ces détachements pour assurer la police de la ville et empêcher le pillage et les meurtres.

, Le 7 août, arrivée de la division de l'Amiral Philibert, et du GÉNÉRAL DRUDE avec un premier échelon de troupes. L'artillerie des navires déblaie la plage et permet aux troupes de descendre à terre. Dès le lendemain, les combats commencent pour se continuer les jours suivants presque sans répit.

Fin août, arrivée du deuxième échelon de nos troupes. Le Général Drude dispose, en comptant les services, de 4.000 *hommes* et de 872 *chevaux et mulets*.

Des renforts successifs arrivent. Au début d'octobre, le corps expéditionnaire comprend 6.300 *hommes* et 1.170 *animaux*.

Jusqu'en décembre 1907, nos troupes livrent de fréquents combats, toujours vaillamment soutenus, mais sans résultats décisifs. Nous opérons dans un rayon déterminé autour de la place, sauf à faire, de ci, de là, des pointes qui repoussent momentanément l'ennemi.

Voilà les opérations rapides, glorieuses pour nos armes, forcées, qui ont amené la *dépense supplémentaire de 10 millions et demi au titre de l'exercice 1907, dépense relativement modeste* pour les raisons suivantes :

Nombre minime d'hommes engagés soit dans l'est (opérations contre les Beni-Snassen), soit dans l'ouest (Casablanca).

Rapidité des opérations dans l'est, ce qui a réduit les frais au minimum.

Manque d'étendue des opérations dans l'ouest. Nous restons à Casablanca. Les troupes sont presque « en station ». Donc, inexistence des frais considérables qu'entraînent toujours la marche, la conquête, du fait des services très importants chargés d'assurer les ravitaillements de toutes sortes, les transports, les évacuations.

De cette constatation on peut tirer de suite les *conclusions suivantes* dont l'évidence est flagrante. *Amèneront par la suite des augmentations de dépenses :*

L'augmentation ʿes effectifs, qui sera plus tard inévitable ;

La longueur et l'intensité des opérations ;

La distance parcourue par nos troupes, les indemnités allouées, les moyens de transport plus développés, la longue portée des ravitaillements, le coût de la vie dans des points déshérités, etc...

Emploi des Crédits

Exposons maintenant *l'emploi des crédits additionnels* en 1907.

I. — Pour le Ministère de la Guerre, les crédits supplémentaires furent de 5.944.402 *francs*. Ils ont eu pour objet les dépenses suivantes, dont nous donnons les plus importantes :

Solde : attribution aux troupes opérant au Maroc des suppléments de solde, des indemnités réglementaires d'entrée en campagne, d'indemnités diverses aux Agents de la Trésorerie et des Postes, aux goumiers, etc..., etc...

Transports : dépenses générales de transport des troupes et du matériel entre les garnisons et les magasins de la Métropole, d'Algérie et de Tunisie, et le Maroc.

Matériel de l'Artillerie : achat et transport de canons et de munitions, achat de matériel de transport pour les troupes du Maroc.

Matériel du Génie : construction de routes, de baraquements, achat d'appareils d'éclairage, d'outils.

Achat d'animaux et fourrages.

Alimentation des troupes (service des subsistances et ordinaires) et matériel de l'Intendance.

Habillement et campement (application du régime du temps de guerre) ; harnachements.

Hôpitaux : dépenses d'achat de médicaments, d'objets de pansement, d'instruments de chirurgie, de matériel médical, etc...

II. — Pour le Ministère de la Marine, les crédits supplémentaires accordés ont couvert les dépenses suivantes :

Transports de personnel : envoi de personnels aux navires en station, les indemnités de séjour à terre, frais de passage des personnels de l'armée de terre à bord des bâtiments de guerre.

Transports généraux de matériel : ravitaillements des navires de guerre, affrètement des navires de commerce.

Achats pour l'entretien de la flotte (charbons, matières grasses, etc...).

Constructions navales : remplacement de matériels perdus ou achats de matériels nouveaux (ancres, chaînes et grelins, canots, matériel de télégraphie sans fil, etc...).

Artillerie : matériel et munitions.

On voit ainsi quels sont les multiples besoins du corps d'occupation, besoins dont la nature variera peu, mais dont la quotité va subir d'importantes fluctuations.

ANNÉE 1908

Ce sont les opérations effectuées dans le *Maroc Occidental* qui vont révétir la plus grande importance. Nous débuterons donc par elles dans l'exposé des faits notables de cette année 1908.

Le 1er janvier 1908, avant de rentrer en France, le Général Drude, avec 4.000 *hommes*, part de Casablanca et enlève, à 20 kilomètres de notre base d'opérations, la casbah de Médiouna qui passait pour le centre de réunion des tribus ennemies. Pour la première fois, on occupe la position conquise, et on laisse à Médiouna une garnison.

Général d'Amade

Le GÉNÉRAL D'AMADE succède au Général Drude. Avec le nouveau commandant en chef, arrivent d'importants renforts, et, le 16 janvier, le corps expéditionnaire comprend 8.400 *hommes* et 2.218 *animaux*. Le service des convois peut s'organiser ; les troupes vont avoir la mobilité qui est un élément essentiel de la force militaire.

En février, l'effectif est porté à 10.000 *hommes* et 4.000 *animaux*.

En mars, le Général d'Amade dispose de 14.000 *hommes* et 4.640 *animaux*.

Avec un effectif solide, rendu plus mobile en raison de la création d'organes de ravitaillement, le Général d'Amade, réduisant au minimum la garnison de Casablanca et la garde du camp, fait tenir la campagne par la presque totalité de ses troupes.

Pendant une première période (janvier-mars 1908),

il s'était efforcé simplement de briser tous les éléments
de résistance qui se groupaient dans les différentes régions de la Chaouïa, et de rassurer, par l'activité de nos
troupes, les populations désireuses de travailler en
paix.

Pendant une seconde période (mars-juin 1908), fixé
par les opérations de la première période sur l'attitude
des diverses tribus, et assuré que, seule, une occupation provisoire de la périphérie de la Chaouïa garan-
tirait une pacification durable de la région en écartant
les méhallas hafidiennes, possédant l'effectif important
précité, le Général d'Amade installa cinq postes dits
régionaux.

Au moyen de ses troupes disponibles, il couvrit successivement l'installation de chacun de ces postes et
exécuta les actions de force dont les circonstances lui
montraient la nécessité.

Il ne semble pas utile de rappeler le nom de chacun
des glorieux combats qui ont marqué ces deux périodes, combats nécessités par la présence de forces ad-
verses qui voulaient empêcher la création des postes
régionaux et contrecarrer notre plan de pacification.

Le but poursuivi une fois atteint, en juin 1908, le
Général d'Amade rentre à Casablanca en laissant aux
points utiles les garnisons chargées de maintenir le
pays en état de paix.

Alors commença *l'organisation de la contrée*, suivant la méthode déjà employée par le Général Lyautey
dans le Sud-Oranais et conformément aux instructions
envoyées par le gouvernement.

En août 1908, on put réduire les effectifs du Maroc
occidental ; on les ramène successivement à 8.608 *hommes* et 3.412 *animaux* (décembre 1908).

Dans la région d'Oujda, nous avons vu, durant les deux derniers mois de 1907, 10.000 *hommes* et 2.850 *animaux* opérer contre les Beni-Snassen, puis leur réduction et leur retour, en partie, dans les garnisons algériennes.

En 1908, les troupes d'Oujda sont progressivement réduites à 7.000, puis à 6.000 hommes, et, enfin, à 3.720 *hommes* et 1.099 *animaux* (novembre 1908). Elles se bornent à l'occupation du pays.

Au contraire, *sur le Haut-Guir* et au *Tafilalet*, limitrophes de notre Sud-Oranais, il fallut, dès le mois de mars, lutter contre une très grosse harka. Nos forces furent placées sous les ordres du Général Vigy et portées en mai à 7.192 *hommes* et 2.012 *animaux*. Les opérations contre la harka furent pénibles en raison de la dureté de la région et de la mobilité des groupes qu'on devait châtier. Nous occupons successivement un grand nombre de postes. Nos armes sont victorieuses partout, et en septembre, après l'affaire de Bou-Denib, la colonne rentre à Colomb-Bechar. La pacification était faite. Restent sur place 1.808 *hommes* et 604 *animaux*.

En 1908, *le rôle de la Marine* ne fut pas aussi actif et brillant qu'en 1907. Cependant il fut de première importance. Nos croiseurs, en station dans les ports, y ont maintenu l'ordre, assurant de façon complète la sécurité des Européens. Il y avait au Maroc une division sous les ordres du contre-amiral Berryer ; les transports « *Gironde* » et « *Drôme* », étaient chargés du ravitaillement.

Avant d'indiquer quelles furent les dépenses supplémentaires en 1908, il faut s'arrêter aux considérations suivantes : si, dans la région d'Oujda, on se borna à l'occupation sans opérations actives ni onéreuses, au contraire, dans le Haut-Guir et en Chaouïa, nos troupes furent en route et se battirent, donc imposèrent au Budget de plus lourdes charges.

On ne s'étonnera pas que, dans ces conditions, l'année 1908 ait procuré un supplément de dépenses de 38.198.876 *francs*, ainsi répartis :

Ministère de la Guerre : 30.804.914 francs.

Ministère de la Marine : 7.333.962 francs.

Nous avons déjà vu, pour 1907, quelle est la destination de ces crédits additionnels ; nous n'y reviendrons pas.

Il est bon toutefois d'indiquer une rubrique nouvelle intéressante : Subventions aux territoires du sud de l'Algérie. On veut couvrir, sous ce nom, les dépenses occasionnées par les transports exécutés soit par marchés d'entreprise, soit par convois libres ou par convois de réquisition pour le ravitaillement des colonnes opérant dans l'Est Marocain et qui ont nécessité notamment la location de chameaux et la réquisition de conducteurs auxquels il a fallu payer des indemnités.

En 1908, on fit des dépenses également importantes pour la remonte et pour le Génie.

Remonte : achats de chevaux pour la région de Casablanca, achats indispensables si l'on voulait donner aux colonnes la mobilité leur permettant d'effectuer des opérations rapides.

Génie : entretien et construction de routes, d'une urgence évidente. On devait aussi améliorer les casernements hâtifs de 1907, construire de nouveaux baraquements et de nouveaux postes dans les régions récemment occupées.

ANNÉE 1909

1909 : période de calme à laquelle correspondent des dépenses moins fortes.

Au cours de cette année, il n'y a pas eu d'opérations militaires proprement dites sur le théâtre de notre action au Maroc. Nous continuons d'occuper les trois points du territoire Marocain où les événements ont successivement appelé nos troupes :

Casablanca à la Chaouïa.

Sur la frontière algérienne, au Nord, la ville d'Oujda, et le massif montagneux des Beni-Snassen.

Sur la frontière, au Sud, la haute vallée du Guir.

En novembre 1909, on diminue les effectifs et on les ramène aux chiffres suivants :

Région de Casablanca : 5.833 hommes et 2.417 animaux.

Région d'Oujda : 3.500 hommes et 872 animaux.

Région du haut Guir : 1.600 hommes et 554 animaux.

Général Moinier — Le GÉNÉRAL MOINIER, qui a succédé au Général d'Amade, dans le commandement de l'Ouest, développe la politique de son prédécesseur. L'œuvre de réorganisation se continue avec succès ; on entreprend des travaux ; on encourage l'agriculture sous la protection de nos armes. On voit la colonisation se développer avec rapidité ; **Colons français** — un afflux important de colons français commence à se produire et des entreprises de tout ordre s'installent dans la Chaouïa. On tente de sérieux efforts pour améliorer l'hygiène des indigènes ; **Écoles** — on fonde des écoles.

Le Général Moinier doit s'abstenir de toute tentative d'expansion en dehors de la Chaouïa, tout en surveillant les tribus voisines et en empêchant leurs incursions sur le territoire que nous occupons.

De cet état de choses résultent des dépenses supplémentaires moindres, se chiffrant par 16.711.025 *francs*, répartis entre :

Le Ministère de la Guerre : 14.219.517 francs.

Le Ministère de la Marine : 2.423.508 francs.

ANNÉE 1910

En Chaouïa. Le général Moinier s'efforce d'entretenir de bons rapports avec les tribus voisines de la région occupée : il se lient en relations avec les notables de ces tribus. Cette méthode de bon voisinage évite bien des conflits, mais ne peut les écarter tous.

L'assassinat du lieutenant Méaux, du service de renseignements, entraîne, en février 1910, une action offensive dans l'hinterland de Casablanca.

En mars, il fallut réprimer des brigandages qui atteignaient la zone dépendant de nos postes ; d'où intervention chez les Zaers.

Un peu plus tard, une autre action devient nécessaire contre Ma-el-Aïnin, l'ancien adversaire du colonel Gouraud en Mauritanie. Ma-el-Aïnin, défait en Mauritanie, remonta vers le Sud du Maroc et projeta de gagner Fez. Son approche jette l'effervescence dans la Chaouïa. Le général Moinier se porte contre lui avec une colonne de 1.100 *hommes,* fait un raid au Tadla, bouscule les contingents d'Aïnin et les rejette au Sud. Ma-el-Aïnin, blessé, devait mourir un mois plus tard.

Ces opérations ont entraîné de faibles déplacements de troupes. Les dépenses supplémentaires sont moindres que celles des années précédentes, soit 11.775.484 *francs,* ainsi répartis :

Ministère de la guerre : 9.709.752 francs.

Ministère de la Marine : 1.690.732 francs.

ANNÉE 1911

Les frais vont s'enfler brusquement et dans des proportions considérables. Les graves événements de 1911 sont la cause immédiate de cet accroissement.

Dans l'*Ouest Marocain*, tout d'abord, c'est le guet-apens dont furent victimes le capitaine Nancy et le lieutenant Marchand, appartenant tous deux au service des renseignements. Ce guet-apens rend un acte de répression nécessaire, mais ce dernier doit être ajourné en raison de ce qui se passe dans l'intérieur du pays.

Après sa proclamation, Moulay-Hafid eut à faire face à une insurrection des Beni-Mtir et d'autres tribus. Les forces du sultan, qui avaient reçu un commencement d'instruction et d'organisation sous l'énergique impulsion des commandants Mangin et Brémond, firent colonne dans des conditions particulièrement difficiles. Malgré les succès remportés, les troupes chérifiennes furent obligées de se replier sur Fez. Les tribus rebelles resserraient leur investissement. L'argent devenait rare et la désertion commençait à éclaircir les rangs de la méhalla d'Hafid. Les munitions étaient presque épuisées. La vie des étrangers était menacée. Le consul de France à Fez jette le cri d'alarme et signale à son gouvernement l'urgence d'une intervention à défaut de laquelle on peut s'attendre aux pires catastrophes.

En raison de la gravité extrême des événements, le

gouvernement décide cette intervention. Cependant, les forces mobiles dont dispose le général Moinier sont d'un effectif trop faible. Des renforts lui sont successivement envoyés à partir d'avril, et il dispose finalement, pour sa marche sur Fez, de 27.000 *hommes*.

Il conduit ses opérations avec science et prudence, établit sa ligne d'étapes et en assure la sécurité pour empêcher les tribus de le couper de la mer.

Le 21 mai, il débloque Fez, puis entreprend une série d'actions pour obtenir la soumission des tribus environnantes, occupe Meknès, reçoit la soumission du prétendant Moulaï-Zine, et voit sa colonne grossir peu à peu par l'arrivée de détachements de renfort qui l'ont rejoint en escortant d'importants convois de ravitaillement.

Forces chérifiennes Il organise des bureaux de renseignements, installe les postes pour le compte du Maghzen, renforce la mission française, seul organe à laisser au contact immédiat du sultan, et, grâce à ces renforcements opérés par prélèvements sur les cadres du corps expéditionnaire, permet l'organisation des forces chérifiennes dont l'effectif devra être progressivement porté à 5.000 ou 6.000 hommes.

Le gouvernement français donne au général Moinier, l'ordre de se replier. Le général commence le 1er juillet sa marche de retour vers la Chaouïa, en prenant la route directe de Meknès à Rabat, à travers la tribu des Zemmours, route qu'il jalonne de postes pour la couvrir contre les attaques des Berbères, fréquentes et dangereuses au point que ni les caravanes, ni même les troupes chérifiennes n'osaient plus s'aventurer dans cette région.

Enfin, il termine ses opérations en châtiant les

Zaers du meurtre du capitaine Nancy et du lieutenant Marchand, et il établit la jonction de la Chaouïa aux Zemmours.

Pendant que le général Moinier marchait sur Fez, les troupes des CONFINS ALGERO-MAROCAINS, après avoir occupé Taourirt en 1910, se préparaient, sous les ordres du général Toutée, successeur du général Lyautey, à se porter sur Ded'bou. Fortes de 14.000 *hommes*, elles cherchent à attirer vers la Moulouya une partie des tribus qui pressaient la capitale, afin de la décongestionner. Elles occupent Dedbou le 4 mai 1911.

De ces faits, succintement rapportés, on doit retenir :

1° *Que les événements ont amené l'augmentation subite des effectifs au Maroc ;*

2° *Que les troupes entreprirent des opérations longues et nécessitant l'emploi de moyens multiples pour assurer le succès de ces opérations ;*

CONSÉQUENCES : LES DÉPENSES SUPPLÉMENTAIRES S'ACCROISSENT BRUSQUEMENT et atteignent pour 1911 la somme de 63.062.895 *francs*, ainsi répartis :

Ministère de la guerre : 60.124.711 francs.
Ministère de la marine : 2.851.684 francs.

Si nous entrons ici dans le détail de ces dépenses, qui en valent la peine, nous voyons que leur imputation à chacun des chapitres budgétaires intéressés répond bien au but poursuivi et aux moyens employés, et que l'augmentation est, pour ainsi dire, « symétrique » des effectifs et de l'importance des opérations.

Transport : (1910 : 315.000 fr.). En 1911, l'augmentation rapide des troupes, leur envoi vers le Maroc, donnent lieu à une demande de crédits supplémentaires de 2.761.000 francs, ayant servi à couvrir :

Les frais de transport par voie ferrée sur le territoire français de détachements et d'animaux envoyés de la métropole sur les divers points du Maroc ou en revenant ;

Les frais de transport par mer des matériaux expédiés de France ;

Les frais de rapatriement des militaires tués ou décédés au Maroc.

Artillerie : (1910 : 139.000 fr. ; 1911 : 3.022.000 fr.) ; le matériel est beaucoup plus important en 1911 qu'en 1910, la consommation de matériel et de munitions beaucoup plus intense, puisque les opérations plus longues et très actives. Les crédits demandés au Parlement s'appliquent aux principales dépenses suivantes :

Achat ou fabrication de charrettes marocaines, de bâches, d'arabas, de litières, de cacolets, d'automitrailleuses, ainsi que d'objets divers et de pièces de rechange pour l'entretien, la réparation et le fonctionnement du matériel d'artillerie et des équipages militaires en service au Maroc ;

Remplacement ou remise en état du matériel prélevé sur les approvisionnements généraux du service de l'artillerie ;

Installation ou amélioration des parcs d'artillerie.

Génie : (1910 : 935.710 fr. ; 1911 : 6.022.000 fr.). En 1911, les camps et les postes furent plus nombreux ; on les entretient après les avoir créés ; on entretient les lignes télégraphiques existantes ; on en établit de nouvelles ainsi que des postes radio-télégraphiques.

La remonte (1910 : néant ; 1911 : 2.553.000 fr.), le harnachement (1910 : 90.000 fr. ; 1911 : 1.465.000 fr.) durent fournir les subsides nécessaires à l'achat d'animaux plus nombreux et à leur équipement (468 chevaux et 3.622 mulets achetés pour permettre la marche sur Fez et le ravitaillement de la colonne).

ANNÉE 1912

Les dépenses vont suivre une marche ascendante que l'on peut expliquer en leur opposant les principaux événements qui ont marqué cette période, particulièrement grave, de notre action marocaine, et pendant laquelle nous avons déclaré notre protectorat.

Au Maroc Occidental, en 1911, la tranquillité régnait en Chaouïa, et l'on se préoccupait de consolider la situation des autres régions.

Or, au début de 1912, les tribus reprennent de l'audace et multiplient les agressions contre la ligne d'étapes Rabat-Meknès qu'il devient nécessaire de dégager. On entreprend des opérations dans les régions de Souk-el-Arba et du Tafoudeït, opérations que la rigueur de la saison et les difficultés du terrain rendent particulièrement pénibles. Quatre grands combats et de nombreux engagements marquent notre action, à la suite de laquelle le Tafoudeït, qui passait pour le repaire inviolable des Zemmours, est occupé.

A la même époque, le général Dalbiez parcourait avec ses colonnes la région de Séfrou, et maintenait loin de Fez les tribus que notre adversaire acharné Sidi-Raho avait ralliées autour de lui.

Puis, le 17 avril 1912, éclatent les douloureux événements de Fez. Au moment même où M. Régnault, délégué du gouvernement français, vient de signer l'accord du Protectorat avec le sultan Moulay-Hafid, les

tabors chérifiens se révoltent *et se livrent à d'effroya-*

bles massacres. Cette révolte nous prend presque au dépourvu, car il n'y avait à Fez qu'une faible garnison.

Le général Moinier, qui retournait à Casablanca revient rapidement en arrière, ramenant avec lui toutes les troupes disponibles, et rétablit l'ordre dans la capitale. Mais la faiblesse de ses effectifs ne lui permet pas de dégager la ville et il lui faut attendre des renforts.

Ceux-ci arrivent au commencement de mai ; ils ont à soutenir les attaques furieuses des tribus environnantes. Au moment même où le général Lyautey, nommé résident général, venait d'atteindre Fez, ces tribus, du 25 au 30 mai, se ruent à l'assaut de la ville avec une impétuosité et une audace dont elles n'avaient encore jamais fait preuve. Nos troupes résistent énergiquement. Les assaillants, découragés, se retirent. Sans leur laisser de répit, le général Moinier lance contre eux une colonne mobile qui, sous les ordres du colonel Gouraud, les disperse au combat d'Hadjera-el-Kalla (1er juin).

Puis, nous reprenons partout l'offensive ; les colonnes opèrent dans toutes les directions autour de Fez.

Cependant, les travaux d'installation se poursuivent, des pistes sont aménagées, des ponts sont jetés sur les rivières, des lignes télégraphiques sont établies. *Le rail est poussé jusqu'à 20 kilomètres de Rabat.* La construction de la voie ferrée Kénitra-Meknès est décidée et les premiers matériaux mis en commande.

Le calme semble renaître. Mais les *événements du Sud* vont obliger le commandement à reporter le centre de nos forces vers Marrakech et Mogador, où les massacres de Fez puis, plus tard, l'abdication de Moulay-Hafid, avaient eu un profond retentissement.

Le rogui El-Hiba, fils du marabout Ma-el-Aïnin contre lequel nous nous battîmes en 1910 (Tadla), avait réuni de nombreux partisans. Entouré de ses « hommes bleus », il terrorise les tribus qu'il force à lui fournir des contingents. Ce sont les événements de Marrakech : un certain nombre de compatriotes organisent la résistance puis sont vaincus et prisonniers du rogui.

Colonel Mangin La colonne Mangin est lancée par le général Lyautey. Le 6 septembre, les forces ennemies sont mises en déroute à Sidi-Bou-Othmon, et le colonel Mangin atteint, peu après, Marrakech.

A la suite de ces faits, le Résident général ordonne l'occupation, sur la côte, de Safi, Mazagan et Mogador. Des colonnes rayonnèrent entre la mer et Marrakech. Elles obtinrent partout la soumission des tribus.

Le général Lyautey fit également châtier les Tadla que les succès momentanés d'El-Hiba avaient mis en effervescence.

Vers cette époque, la petite garnison de Mogador tombe dans un guet-apens, est cernée par les contingents rebelles, mais sut résister et attendre les renforts venant de Casablanca et qui la délivrèrent.

Au Maroc Oriental, il fallut également agir avec vigueur contre les Beni-Ouaraûs qui menaçaient les tribus soumises de la rive droite de la Moulouya. Trois colonnes furent dirigées contre eux, avec succès.

Ici aussi, les événements de Fez ont leur répercussion. De nouvelles harkas se forment vers Bou-Yarouba. Deux colonnes les battent et les dispersent. L'action de nos troupes est cependant limitée, parce qu'elle porte seulement sur la rive droite de la Moulouya, la rive gauche leur étant interdite.

Le général Lyautey, nommé résident général, ordonne un mouvement sur la rive gauche, pour préparer notre extension vers Taza. Une colonne provoque la soumission de nombreuses tribus dissidentes. En juin, le poste de Guerref est installé.

Aucun nouvel incident ne se produit jusqu'à la fin de 1912, et l'on peut, sans encombre, se consacrer à la prolongation de la voie ferrée de Taourirt à la Moulouya.

Tous ces événements, tant au Maroc Occidental, qu'au Maroc Oriental, furent graves, nécessitèrent une action constante très étendue, donc l'augmentation des effectifs encore réduits que nous avions trouvés en 1911, et qui, au 1er janvier 1912 avaient été portés à 37.781 *hommes.*

Puis, pour faire face à la situation au moment des massacres de Fez, ces effectifs furent augmentés. Au 1er juin, ils étaient les suivants : 44.203 *hommes,* dont 31.677 au Maroc Occidental et 12.526 au Maroc Oriental.

Enfin, en raison de l'extension des territoires occupés, qui suivit les opérations effectuées dans les régions de Meknès et de Marrakech, on fait de nouveaux envois de troupes. Au 1er septembre, on comptait 51.949 *hommes* et au 1er décembre 61.609 (48.690 au Maroc Occidental ; 12.919 au Maroc Oriental).

Indépendamment des unités des troupes régulières, on fit appel au concours de formations auxiliaires constituées au moyen d'éléments indigènes et utilisées notamment pour l'organisation des convois.

Ceci exposé, on constate forcément des dépenses

supplémentaires plus importantes pour 1912. Les crédits demandés au Parlement furent de **133.477.302** fr., se répartissant ainsi :

Ministère de la guerre : 131.957.362 fr.

Ministère de la marine : 1.520.000 fr.

Nous ne reprendrons pas l'énumération des dépenses déjà connues et exposées plus haut, et qui, en 1912, ont subi un accroissement en raison des circonstances parcourues.

Mais il est intéressant de signaler que si la plupart de ces dépenses ont un caractère d'intérêt militaire, *certaines ont également un caractère très net d'intérêt général*. Ainsi, au chapitre « matériel du génie », les sommes employées à la continuation du chemin de fer de Marnia à Taourirt, et pour la construction du chemin de fer de Casablanca à Rabat et prolongements. Ce sont des dépenses productives au premier chef (12.630.000 fr.).

Troupes auxiliaires marocaines

C'est également en 1912, qu'on a entrepris la réorganisation des troupes auxiliaires marocaines (17 millions) ; on a pour objet de limiter autant que possible les prélèvements effectués sur les troupes métropolitaines et coloniales, en raison des nécessités résultant de l'occupation du Maroc, ainsi que pour des considérations de politique indigène.

ANNÉE 1913

L'année 1913 est trop près de nous. Je ne possède pas encore, en ce qui la concerne, les documents me permettant de coordonner, en une vue d'ensemble, nos opérations militaires, ni d'exposer le chiffre exact des dépenses supplémentaires que notre occupation a entraînées.

Voici toutefois quelques renseignements qui aideront à supputer le bien-fondé des crédits nécessaires.

Au Maroc Oriental, le calme semble revenu. El-Hiba paraît relégué dans le Sous, et les autorités locales ont pu procéder à l'organisation des vastes territoires pacifiés.

Il est utile, à propos d'El-Hiba, réfugié à Taroudant, de signaler la très intéressante expédition faite contre lui, sous le commandement de Hadj-Thami-Glaoui, avec une harka dont nous avions surveillé et préparé l'organisation, mais partie *sans être accompagnée d'un seul Européen.* Le 24 mai, cette harka s'emparait de Taroudant, expulsant El-Hiba de cette ville, tandis que, d'autre part, les gens du maghzen reprenaient d'eux-mêmes Agadir.

Ce sont là succès chérifiens, sans intervention de nos troupes, c'est-à-dire un des événements les plus intéressants depuis l'abdication de Moulay-Hafid. Nous signalons lesdits événements sans vouloir en mesurer toute la portée, car ils sont trop récents.

Au Maroc Oriental, nous avons vu, en 1912, le général Lyautey ordonnant des opérations sur la rive gauche de la Moulouya, jusqu'alors interdite à nos troupes. Cette pointe permit la protection de la voie ferrée en construction de Taourirt à Guerdif, et nous a menés jusqu'à 20 kilomètres de Taza qui, un jour, sera occupée sous la pression constante venant à la fois de l'est et de l'ouest. Mais, le gouvernement, ne voulant engager aucun nouvel effectif au Maroc, *on devra probablement éviter l'occupation de Taza aussi longtemps que la pacification par ailleurs n'aura pas rendu disponible une partie de nos contingents.*

Ces renseignements, trop brefs, exposés, on peut comparer la situation au lendemain de l'émeute de Fez à celle du mois de juin 1913. Il y a un an et demi, la France n'occupait vraiment que la Chaouïa, et était pratiquement enfermée dans Fez et dans Rabat. L'ordre a été rétabli dans la capitale du Nord, puis dans la capitale du Sud, et nous avons gagné plus de 70.000 kilomètres carrés de territoire.

L'année 1913 coûtera probablement environ 210 millions de dépenses supplémentaires, parmi lesquelles il faudra compter un gros chiffre de dépenses de première installation, qui ne sont donc pas appelées a se renouveler les années suivantes dans les mêmes proportions. Ainsi la première dotation en matériel et approvisionnement de la mission du corps d'occupation du Maroc, mission qui a amené l'obligation de porter les troupes à l'effectif de 74.000 *hommes* environ, parmi lesquels 31.000 militaires français, le surplus étant constitué par la légion étrangère et les indigènes de l'Afrique du Nord et du Sénégal.

On doit également considérer l'extension rapide et considérable qu'a prise l'occupation pendant la seconde moitié de l'année 1912, les difficultés que présentent les communications dans les nouvelles régions où nos troupes sont parvenues. Il faut installer les troupes et les services dans ces régions, assurer la sécurité des nouveaux postes, les relier entre eux et avec les autres centres par des *communications télégraphiques*, construire des *voies ferrées* pour leur ravitaillement, constituer sur place certains approvisionnements pour permettre de parer aux difficultés que présentent, à certaines époques, le débarquement sur le littoral et les transports à l'intérieur.

Comment s'étonner, dans ces conditions, que le génie ait absorbé 35 millions, que les *approvisionnements de réserve* de l'intendance aient coûté à peu près 8 millions et demi ? Comment s'étonner également que 5 millions auront été sans doute nécessaires aux *hôpitaux*, quand on se rend compte que l'organisation du Service de Santé, activement poussée, les mesures d'hygiène et de prophylaxie ont fait décroître la mortalité de 25 à 12 pour mille, et que l'on a économisé ainsi, rien qu'en 1913, près d'un millier de vies humaines ?

Mortalité

RÉSULTATS

Je ne veux pas, en terminant cette première partie, m'arrêter sur les causes profondes de notre intervention au Maroc, ni sur les conventions internationales qui l'ont autorisée. Je ne suis pas diplomate. Je voulais seulement mettre dans l'esprit des Français un peu de clarté en ce qui concerne nos dépenses marocaines. Donc, j'ai cherché et j'ai constaté. C'est tout.

Pénétration lente

Mais l'on peut se demander si nous avons atteint notre but, maintenant que la période de conquête et de combats semble terminée pour faire place à la pénétration lente, par pression, en « tache d'huile », selon l'expression imagée des coloniaux.

En toute sincérité, *je crois que nous avons fait œuvre utile au Maroc*, sans compter la tranquillité que nous avons assurée sur nos confins algériens, fait très important si l'on veut bien se rappeler que tous les pays mahométans d'Afrique se tiennent et que l'effervescence de l'un est un danger pour les autres.

Nous donnons au Maroc une paix intérieure inconnue jusqu'à présent, et sans laquelle il croupissait dans la barbarie. Nous l'appelons à la civilisation, au commerce sûr dans des régions pacifiées. Nous créons l'abondance, là où les querelles souvent sanglantes avaient anéanti tout espoir de vitalité. C'est un peu la Belle au Bois Dormant qui s'éveille et qui saura tirer parti de toutes les richesses dont la nature l'a comblée.

L'emprunt à contracter par le Protectorat, et qui va venir en discussion devant le Parlement, aura certainement la plus grande influence sur le développement du Maroc, en lui fournissant les capitaux indispensables à son essor économique qui sortira victorieux des crises qu'il aura à subir.

Il faut que notre nouveau domaine puisse établir son grand port de Casablanca et aménager quelques autres points du littoral ; *il lui faut des routes.* On construira des hôpitaux, des ambulances, des dispensaires, des écoles, des lignes et des postes télégraphiques. On fera des travaux d'irrigation, on dressera le cadastre.

> Routes
> Hôpitaux
> Ambulances
> Écoles
> Voies ferrées

En résumé, on entreprendra dans l'empire chérifien tout ce qui est nécessaire pour lui donner la civilisation, la force, une vie propre. *On hâtera ainsi le moment où il pourra se passer du concours financier de la métropole.* Il nous sera possible, plus tôt, de diminuer nos sacrifices en argent et en hommes. « Des ports, des routes, des chemins de fer, des télégraphes, voilà le vrai moyen d'arriver à réduire nos effectifs en doublant leur action » (1).

« Le Maroc mérite l'effort que sa renaissance exige, disait M. Paul Doumer en 1908 (2). Il est plus propre qu'aucun autre pays de l'Afrique du Nord à l'activité européenne ; il possède tous les éléments de la richesse. Sa position admirable sur l'Océan et sur la

---

(1) Rapport de M. Long au sujet de l'emprunt de 250 millions à contracter par le gouvernement du protectorat du Maroc.

(2) Rapport fait au nom de la Commission du budget à propos du projet de loi ouvrant des crédits supplémentaires sur les exercices 1907 et 1908 pour couvrir les dépenses militaires du Maroc.

Méditerranée, la fertilité de son sol arrosé par les multiples rivières qu'engendre et qu'alimente son immense massif montagneux, le courage de ses nombreux habitants qui en fait de bons ouvriers comme de bons soldats, tout concourt à donner une importance exceptionnelle à l'entrée du Maroc dans le grand courant de la vie civilisée.

« L'Europe entière en retirera un bénéfice appréciable, dont les premiers artisans de cette noble tâche ne peuvent manquer d'avoir leur part. »

Et nous ajouterons : la plus grande part.

II

LA CONQUÊTE PACIFIQUE

Il faut immédiatement
des Chemins de fer au Maroc

LA CONQUÊTE PACIFIQUE

On devait s'y attendre. Chaque fois, l'histoire le prouve, que la France, après avoir acquis ou conquis un territoire au prix de millions et de vies humaines, est sur le point de mettre ce territoire en valeur et d'appuyer s'il le faut, de son propre crédit, le crédit naissant de la nouvelle colonie ou du nouveau protectorat, chaque fois des gens clament que le bas de laine français a tort de faire des largesses, que les dépenses à prévoir dans la nouvelle région pourraient être considérablement réduites — et qu'on engage l'avenir sans savoir exactement où l'on va —. Ils disent, en particulier, que le chemin de fer est de la folie dans un pays d'évolution économique limitée, dont on ne peut évaluer avant longtemps le rendement exact, et ajoutent qu'on ferait mieux de ne pas faire de dépenses exagérées, de se contenter de petits travaux, de bonnes petites routes comme celles qui rejoignent nos communes de France, et qui pourraient, pendant encore de longues années, suffire à l'intensité du trafic marocain.

O voix de la crainte, je te reconnais, voix de ceux qui nient les résultats acquis ailleurs !...

Heureusement, le Parlement ne semble pas partager cette opinion ; il paraît au contraire se ranger aux idées émises par notre distingué collègue, M. Maurice Long, dans son rapport, fait au nom de la Commission des affaires extérieures, sur le projet de loi autorisant le gouvernement du Protectorat au Maroc à contracter un emprunt de 230 millions.

Il faut, je crois, lutter contre cette tendance à mépriser les exemples du passé, et montrer aux Français, qui ne demandent qu'à être éclairés, l'immense avantage des chemins de fer, le pas rapide qu'ils font faire dans la voie de la *pacification* et de la civilisation. Il faut démolir comme rétrograde et contraire à l'esprit colonial, qui fait tous les jours des progrès, l'idée préconçue, ayant encore trop cours, que les pays neufs doivent logiquement passer par un lent processus pour arriver plus tard, beaucoup plus tard, à la hauteur économique et industrielle de nos vieilles nations.

Le jeu en vaut la chandelle. N'est-ce pas faire œuvre utile que de seconder par la plume, quand on ne peut le faire autrement, ceux qui donnent leur jeunesse, leur ardeur, leur courage, leur cœur, toutes leurs forces à la réalisation d'un « empire » qui doit faire plus grande et plus belle et plus riche notre nation ?

Je veux donc montrer pourquoi le chemin de fer est *indispensable*. Je ne vais pas, dans cette étude, marcher sur les brisées de mon collègue, M. Long, et je laisserai intact le rapport dont j'ai parlé plus haut. Je ne discute pas la direction des lignes à construire au Maroc, ni la largeur des voies, ni les détails établis.

Ce que j'exposerai, c'est une question de principe : *le
principe de la construction immédiate de voies ferrées
dans notre nouvelle possession.*

Quand on arrive dans un pays neuf, on débarque
généralement sur la côte, qu'on occupe, qu'on pacifie,
qu'on organise. Puis, on tente de pénétrer dans l'intérieur pour « étendre l'influence de la nation civilisa-
trice et rompre l'isolement des régions barbares ».

Que cherche-t-on pour pénétrer dans l'intérieur ? La
voie d'eau, logiquement. Fournie par la nature elle-
même, elle est, suivant la vieille expression, le « chemin tout fait, le chemin qui marche ». On « s'infil-
tre » par ces rivières, qui desservent habituellement
des régions fertiles, parce que bien arrosées, et qu'on
occupe les premières. Même quand les rivières sont
peu navigables, le soldat, l'explorateur peuvent encore
y passer. Il ne leur faut pas grand'chose à ceux-là :
quelques centimètres d'eau, de quoi faire flotter une
pirogue. Ils débarquent aux chutes, aux rapides, font
porter le bateau, et s'y rembarquent plus haut.

Mais allez donc faire passer de cette façon-là des
troupes nombreuses, quand la pacification du pays
demande un gros effectif, ou bien des marchandises
qui, alors, pourriront sur place, faute de moyens de
transports mieux agencés et plus rapides !

Malheureusement, dans beaucoup de colonies, aussi
bien les nôtres que celles d'autres nations, les fleuves
et les rivières en sont là.

Si l'on considère l'Afrique avec sa forme « d'assiette
renversée », on voit ses cours d'eau encombrés de

chûtes multiples, infranchissables sans transborde-
ments longs, dispendieux, pénibles. En Indo-Chine,
c'est la même chose. On s'attendait, d'après les deltas
des fleuves, à trouver des voies navigables sur un très
long parcours. Il n'en est rien ; ici encore, chûtes et
rapides.

Les rivières, au lieu d'être des chemins qui marchent
sont des « chemins qui buttent », des « chemins qui
arrêtent ».

Dans les colonies françaises, *et au Maroc, un fait
géographique presque immuable domine le problème
des voies de communication :* les cours d'eau sont ou
impraticables ou insuffisants.

Il faut cependant bien suppléer à ces défauts, sans
quoi des régions immenses, dont l'accès est difficile,
resteront inexploitées parce qu'*on ne peut pas* se ser-
vir des voies de communication naturelles. Les trafi-
quants, les commerçants, les colons, ne viendront jamais dans un pays où ils végéteront misérablement
*faute de pouvoir faire sortir les marchandises et les
produits* qu'ils auront acquis.

⁂

Voilà le problème posé. Comment le résoudre ? En
construisant des routes et surtout des chemins de fer.

Car, si l'on doit préconiser le chemin de fer, il ne
faut pas rejeter la route *a priori*, sans se rendre compte
de son utilité, d'autant que les transports automobiles
prennent une importance plus considérable. *Mais elle
est insuffisante pour les transports à longue distance,*
et pour asseoir, assurer, la domination définitive.

Donc, la route est utile d'abord entre des points peu

éloignés, qui font entre eux un mince trafic : le char-
roi, soit animal, soit automobile, est possible. Elle est
utile également pour amener le trafic aux stations des
voies ferrées. On peut même rappeler à ce sujet que la
circulation n'a pas diminué sur les routes de France,
mais au contraire s'est accrue après l'ouverture des
voies ferrées auxquelles elles aboutissent.

Aussi le futur emprunt marocain tient-il compte, au
moins en partie, de ces considérations et subviendra-
t-il aux dépenses de construction d'une route côtière
partant de Mogador, passant par Safi, Mazagan, Casablanca et Rabat, et se terminant à Mehedya après un
parcours de 450 kilomètres, « cette route étant indispensable pour relier les différents points de la côte
entre lesquels les communications par mer sont souvent difficiles et parfois impossibles pendant des périodes assez longues au cours de la mauvaise saison. »
Encore remarquera-t-on que l'on établira cette route,
non pour éviter la dépense d'une voie ferrée, qu'il faudra peut-être construire plus tard (1), mais parce que,
pour l'instant, la construction d'une route *paraît* suffi-
sante. Est-ce une erreur ? L'avenir le dira. Et, alors il
sera bien temps de songer qu'on aurait dû construire
immédiatement et rapidement une voie ferrée qui ne
serait pas, étant donnée la nature du terrain, plus
difficile à établir qu'une route !

**Routes
Marrakech-
Casablanca ;
Marrakech-
Mogador ;
Rabat-
Meknès-Fez**

On construira également deux routes allant de Marrakech à Casablanca (235 kilomètres), et de Marrakech
à Mogador (170 kilomètres) « pour amener à la côte

---

(1) Voir l'exemple de l'Indo-Chine, construisant une voie ferrée
côtière de Saïgon à Hanoï pour doubler la voie de mer.

les produits de tout l'hinterland compris entre le parallèle de Casablanca et l'Atlas ». Enfin, une route reliera Rabat à Meknès et Fez (195 kilomètres), « travail urgent, car il convient d'assurer le plus tôt possible les relations avec les deux principales villes de la partie nord du Maroc ».

Ceci exposé et en admettant qu'il faille, ce qui n'est pas prouvé, entre les différents points indiqués ci-dessus, des routes et non des chemins de fer, il en est autrement si l'on considère la nécessité de pénétrer *pacifiquement* au cœur du pays et les transports à longue distance. Pour cela, *il faut des voies ferrées*.

Je partage absolument en cela l'avis des coloniaux qui ont appris, eux, à leurs dépens, ce qu'il en coûtait de ne pas avoir de voies ferrées. Je partage cet avis à l'encontre de ceux, trop nombreux, qui disent : « Pourquoi cette hâte ? La route ne suffirait-elle pas pour assurer des transports encore peu importants ? Voilà qui serait moins onéreux ! »

Pour répondre, je répéterai simplement ce qu'écrivait M. Grosclaude dans un article paru en 1899, dans la *Revue Rose*, sur les nouveaux chemins de fer africains, et qui constitue un dilemme particulièrement bien posé : « Ou bien ces routes ont une infrastructure solidement établie comme les voies ferrées, et leur établissement est presque aussi coûteux ; ou bien elles sont trop légèrement construites et les pluies ont vite fait de les mettre hors d'emploi. Si l'on ajoute la rareté des animaux de trait en ces pays, la cherté de la main-d'œuvre et la lenteur des charrois, on s'aperçoit que tout l'avantage est aux voies ferrées économiques ».

La nécessité du chemin de fer est dans cette dernière phrase qui s'applique *de plano* au Maroc. Se souvient-on des dépenses considérables de remonte qu'on fut obligé d'engager pour le corps d'occupation, afin de pouvoir donner aux colonnes la mobilité nécessaire ? Se souvient-on des fortes indemnités payées aux auxiliaires indigènes employés dans le service des convois ? Donc, peu d'animaux, difficulté de recruter la main-d'œuvre à bon marché, cherté et irrégularité des charrois.

On peut évidemment employer la traction automobile. Mais ce moyen est onéreux, il ne faut pas l'oublier, et n'est pas encore à la portée du « moindre coût de transport », base actuelle des transactions commerciales et se manifestant par une diminution du prix du fret.

*
* *

Le rail coûte moins cher que le canon et porte plus loin

Qu'on fasse des chemins de fer. Rappelons à ce propos deux mots de Cecil Rhodes qui, colonial éclairé, disait : « *Le rail coûte moins cher que le canon et porte plus loin* ». Il faisait remarquer « qu'il est plus avantageux de construire un chemin de fer *que de développer des armements nécessairement improductifs.* »

C'est par le chemin de fer que nous prendrons possession du Maroc, définitivement et *pacifiquement.* Nous ne serons pas obligés de sacrifier encore de nombreuses, trop nombreuses vies humaines pour pénétrer dans les hautes régions que *nous laissons en ce moment volontairement hors de notre action militaire,* en raison, précisément, de la difficulté de la pénétration que la voie ferrée saura vaincre, sûrement.

A la voie ferrée nous trouvons donc deux séries d'avantages incontestables.

Elle permettra à nos troupes de se transporter rapidement d'un point à un autre : *on pourra réduire les frais de l'occupation en diminuant les effectifs.*

Elle fait naître la vie économique de proche en proche dans les régions qu'elle traverse. Evidemment, elle n'aura aucune action créatrice dans un désert où rien ne peut venir. Le Sahara transpercé par dix voies ferrées serait toujours le Sahara. Les immenses régions désertiques de l'Australie, si elles sont un jour traversées par les lignes actuellement amorcées, continueront d'être désertiques. Et encore, qui sait ?... Mais là où la culture est embryonnaire, là où elle est seulement possible, elle se développe ou elle naît en présence de débouchés jusqu'alors insoupçonnés.

Et l'exploitation des richesses naturelles dans des régions inaccessibles aux transports sur route ou sur piste ? Et l'exportation des produits de mines et de forêts qui restera inexistante si on ne lui fournit pas des moyens de transport réguliers et sans aléas (1)
Et l'importation de nos produits européens qui iront tenter l'indigène, lui donner le goût du mieux-être, indice probant de la civilisation, cette importation qui augmentera le rendement de nos industries en leur offrant de nouveaux débouchés et qui sera impossible, ou tout au moins très limitée, si on ne lui permet pas, à elle aussi, de s'établir régulièrement ?

Partout, dans toutes nos colonies, on a admis ces

---

(1) On peut citer l'exemple de la Sibérie, donnant au Transsibérien un très gros trafic.

idées qui s'imposent. On lâche les voies d'eau, irrégu-
lières et capricieuses, on lâche les routes, construites
à grands frais, pour les remplacer par des voies ferrées.

Chemins de fer partout : au Sénégal, pour doubler le
cours du fleuve et pénétrer rapidement dans le cœur
du Soudan, en Guinée, à la Côte d'Ivoire, au Dahomey,
au Congo, en Indo-Chine, à Madagascar, à la côte des
Somalis. Partout, une floraison de rails mène le progrès dans les brousses reculées, aspire, pour le plus
grand bien de tous, les richesses accumulées depuis
des siècles loin des côtes.

Va-t-on laisser longtemps le Maroc en dehors de ce
mouvement, de cette marche en avant ? Que la diplomatie, pour certaines lignes dont la construction dé-
pend de négociations en cours, se hâte de conclure les
arrangements utiles. Qu'on opère rapidement la reconnaissance des tracés, qu'on se dépêche de dresser les
estimations indispensables en vue de solliciter la garantie de la métropole.

Et encore la demande de garantie d'intérêt ne doit
pas retarder les travaux. Car si l'Etat autorise la construction et accorde cette garantie, c'est qu'il a con-
fiance dans l'entreprise. Alors, si cette entreprise est
réellement bonne, pourquoi lui imposer de nouveaux
délais et prendre le temps de calculer la garantie d'intérêts ? Et c'est plus tard, toujours, qu'on s'apercevra
de l'erreur commise en ne construisant pas immédiatement, dès la première heure, la voie ferrée *commerciale.* Je dis, à bon escient, commerciale, car je ne
compte pas encore sur l'importance économique des
tronçons de rails posés pendant la conquête dans la
région de la Moulouïa et dans la Chaouïa. *Des voies*

purement militaires ne sauront pousser assez loin la vitalité des régions qu'elles traversent. Elles sont insuffisantes pour l'œuvre à entreprendre.

***

Maintenant que je crois avoir montré *l'utilité* des routes, puis la *nécessité* des chemins de fer, en attachant à ces mots toutes les différences qu'ils comportent, je voudrais appuyer mon argumentation sur deux exemples tirés de deux pays dont le développement économique intense a été particulièrement remarquable. Ce sont là leçons de l'histoire sur laquelle il est bon de faire fond et qu'on ne saurait trop exposer.

Le Canada possède les grands lacs et le Saint-Laurent, un des systèmes fluviaux les plus beaux du monde. Mais le relief et le climat apportent de gros obstacles à la navigation : des rapides et des chutes encombrent le cours du fleuve ; les glaces, pendant six mois, interrompent les échanges sur le Saint-Laurent.

Contre le relief, on a pu lutter par la construction de canaux qui ont tourné les chutes. Contre le climat, toutes les tentatives ont échoué ; il n'est pas possible de tenir le Saint-Laurent ouvert pendant plus de la moitié de l'année. Pour remédier à ce défaut de navigabilité, on a employé la voie ferrée. On ne s'est pas arrêté aux routes : pas d'animaux de traits, pas de main-d'œuvre. Faire des routes, c'était perdre du temps. Le chemin de fer, voilà qui est bon ; il porte *lui-même* sur la portion construite tous les matériaux nécessaires à son prolongement. Il permet d'exploiter des régions fertiles, mais d'accès difficile, qui, sans lui, mourraient d'inanition.

Aux Etats-Unis, la richesse en voies navigables naturelles est remarquable : l'Hudson et les canaux dont il est le terminus, tout le système du Mississipi, les rivières du Pacifique. Mais, ici aussi, glaces en hiver, sécheresses en été. On a d'abord fait quelques routes, mais très peu, et *encore des routes destinées à une très courte existence*, des pistes plutôt, pour attendre la voie ferrée. *Puis celle-ci a régné en maîtresse.*

On ne doit pas croire que ces chemins de fer eurent à souffrir de l'existence de voies navigables, qu'ils doublaient bien souvent. On faisait 1 de commerce par eau ; on fit également 1 de commerce par les chemins de fer, *qui provoquèrent la naissance d'industries et d'exploitations de toutes sortes.*

Peut-on renier ces enseignements, de même que ceux qui se dégagent de nos voies ferrées coloniales ? Alors ne risquons pas de faire une école au Maroc.

..

Je passe aux chiffres qui montreront que je n'ai pas rompu des lances contre des moulins à vent.

Sur l'emprunt de 230 millions à contracter par le Protectorat marocain, on affectera 26.250.000 *francs aux routes, et... 500.000 francs à l'étude des lignes de chemins de fer !...*

En écrivant ces chiffres, j'ai, malgré moi, le sourire. 26 millions pour des routes *qu'on abandonnera dans 10 ans comme insuffisantes* et qu'on remplacera par des voies ferrées !

A-t-on assez répété cependant ce que j'ai dit plus haut : que la *pénétration pacifique du Maroc ne pourra se faire qu'avec la voie ferrée ?* On attendra, toujours.

On attendra que nous ayons perdu 1.000, 2.000, 5.000 hommes en randonnées ou en combats glorieux, mais inutiles, *puisqu'on peut autrement conquérir le Maroc.*

Faut-il donc ne rien dire, et laisser faire des routes aussi coûteuses que le rail ou trop légères sur des parcours trop grands ? Faut-il donc ne pas crier que les études entreprises sont trop longues, que la diplomatie ne se hâte pas suffisamment pour solutionner toutes les questions pendantes qui empêchent la réalisation des projets ? Et la crainte de faire un marché de dupes, avec la garantie d'intérêt, amène l'hésitation des gouvernants à accorder de suite les autorisations nécessaires. Lâchons-la donc, la garantie d'intérêts. Montrons, une bonne fois, que l'Etat n'a pas besoin d'être toujours derrière ceux qui entreprennent pour les rassurer en cas de pertes, d'ailleurs improbables.

Rappelons-nous, comme le dit M. Arthur Girault, professeur à la Faculté de droit de Poitiers, dans une phrase (1) qui synthétise toutes les idées que nous avons émises, rappelons-nous que « la question coloniale est une question de travaux publics » et principalement une question de chemins de fer. « Les avantages matériels qu'en retirent les indigènes sont, à leurs yeux, l'excuse de notre domination ; ils constituent en même temps le meilleur moyen d'assimilation. Le progrès matériel doit précéder et préparer le progrès moral. »

Et ils nous empêchent de pleurer sur la tombe de nouveaux morts !

---

(1) A. GIRAULT : *Principes de Colonisation et de Législation coloniale.*

PARIS. — Imp. DEBHY-CAHEN, 17 et 19, rue Poissonnière.